2019年9月17日『エール』クランクイン

Vreath

-Documentary of 窪田正孝 in エール-

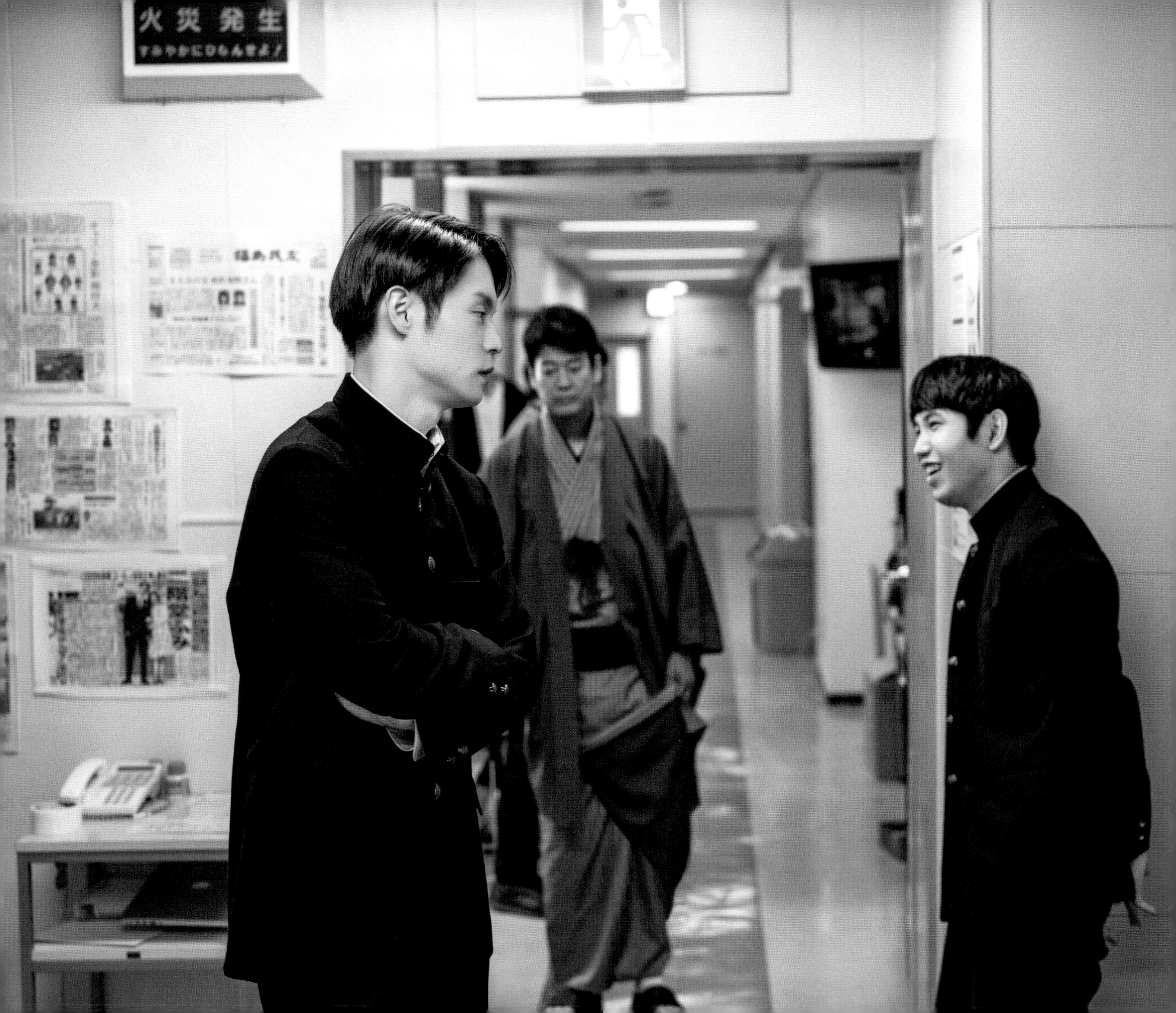
火災発生
すみやかにひなんせよ！

2019年9月20日（撮影2日目）

　先日のクランクインは1話の導入部分の撮影で、古山裕一を演じたわけではなかったので、「今日が本当の撮影初日」という気持ちで現場に来ました（笑）。

　いつも撮影初日は身体がかたくなってしまうんです。まして今日は、ハーモニカ、譜面書き、方言と、練習しなければいけないことがつまっていたので緊張しましたが、（父親役の）唐沢（寿明）さんや顔見知りのスタッフさんを見たら、すぐに落ち着きました。芝居をする上で、身体も脳みそも柔軟性が命。これからもいい意味で気張らずに、今日より明日、明日より明後日と、より良い状態で作品を作っていきたいです。

　これから約1年続く撮影の目標としては、キャストの皆さんとのコミュニケーションを大切にしていきたいと思っています。朝ドラは主人公の家族やまわりの登場人物にもフォーカスをあてた物語なので、役だけの関係性になりたくないんですよね。普段からいろんなことを話して自分のことを知ってもらい、相手のことも理解した上で、芝居の深みが出せたらいいなと思います。僕は一番最初に名前がくるポジションをやらせていただいていますが、「ヒロインあっての朝ドラ」だと思うので、旦那役として（二階堂）ふみちゃんが一番輝ける場を作っていくことも目標です。彼女のいろんな表情や、他の作品では見たことのないお芝居を引き出していくことが、『エール』をやる意味だとも思っているので、そうなれるように努力します。

2019年10月某日

『エール』の撮影が始まって、約1ヵ月経ちました。古山裕一という役が自分に馴染んできた部分もあるし、まだまだいろんな可能性を秘めていることをポジティブに楽しめている気持ちもあります。これまで演じてみて感じるのですが、裕一という人物は、僕が思っていたよりも凝り固まっていないんです。気持ちの中に余白がある部分と全くない部分があるので、すごく人間っぽいんですよね。新しい出会いがあるたびに裕一も変化していくので、柔軟な人間らしさを演じるのが楽しいです。

　監督たちの演出も、いい意味で自分の朝ドラのイメージをくつがえしてくれます。もちろん昔から受け継がれている朝ドラの流れもあると思いますが、時代も令和に変わりましたし、「僕たちはこういうものを作りたいんだ」という軸がハッキリしています。守りに入らずに攻めているけど、そこに愛情があると感じられるところがすごく好きですね。お芝居の自由度も高いし、スタッフの皆さんとのチームワークもできてきたので、朝が早いこと以外はめちゃくちゃ楽しいです（笑）。

　福島ロケでは、撮影の合間に駅前を歩いたり、（裕一のモデルとなった）古関（裕而）さんの像を見に行ったりしました。昔の建物が残っている場所は少ないのですが、福島という土地で大事なシーンをたくさん撮ることができたのは、自分の中で大きかったです。

2019年11月某日

今日の午前は1話に出てくる原始人を演じ、午後はフラッシュモブのダンスシーンでした。
この現場は一発本番が多くて瞬発力を求められます。その撮り方は好きなのですが、ダンスの自己採点は30点です。

2019年11月某日

　裕一が育った小学校や福島など、ルーツと言える場所でロケをすると、役を演じる上で「けじめをつける」という気持ちになります。

　いろんな世代の方が観てくださる朝ドラは、ある意味わかりやすい芝居が求められます。いつもは「跡を残したい」という気持ちで芝居をすることが多いのですが、誰のために今ここに立っているのか？ということを考えると、自然とやるべき芝居が見えてくる気がします。（野間口徹さん演じる）バンブーのマスターが言う良い台詞があるんです。『毎日同じコーヒーを作ることに疑問を持つことがある。お客さんはこの味が飲みたくて来てくれているけど、ずっと同じでいいやと甘えていたら飽きられてしまう。だから、お客さんの顔と反応を想像して、コーヒーをブレンドする』って。毎日同じスタジオに通ってルーティンになりがちな俳優たちのことを理解してくれてるんだなと思いました。

　裕一は優柔不断な部分もあるし、優しさを少しはき違えているんじゃないかと思ったりもしますが、そういう彼にしかできないことがある。今は、彼がどうやって音楽家としての自分を確立していくのか、という局面にいます。守りたいものや好きなものへの思いが強すぎると、それだけの世界になって、球体のようなもので囲まれてしまうと思うのですが、音さんからの刺激によって、球体の形が少しずつ変わっていくんだと思います。でも、今はまだ音と結婚する前の段階ですし、後半は嫌でもずっと一緒にいることになるので（笑）、ふみちゃんのことを知りすぎないようにしながら、少しずつ距離を縮めていこうと思っています。

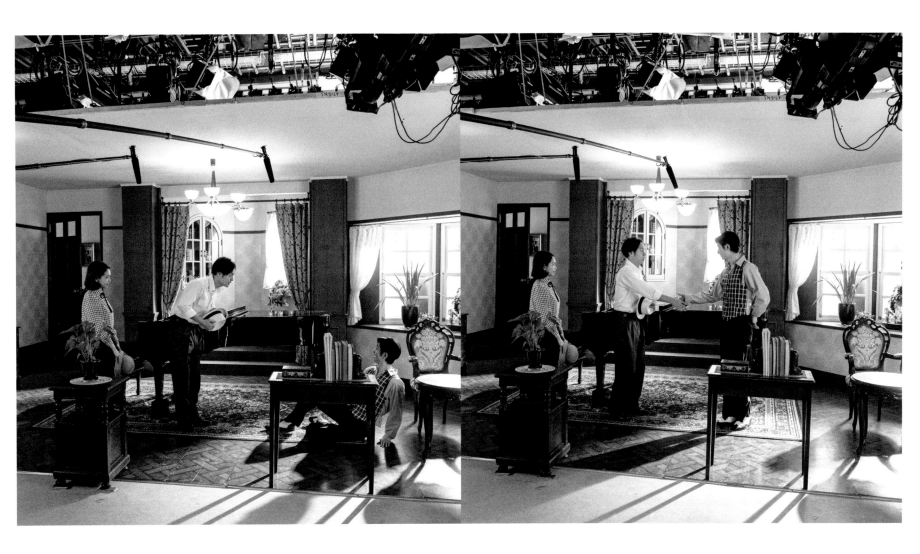

2019年12月某日

　今日は2019年最後の撮影です。『エール』の撮影の合間にプロモーションなどの仕事をすることもありましたが、すでに3ヵ月裕一を演じているので、現場にくると役が戻ってくる感覚がありました。

　朝ドラは登場人物が多いので、本当にたくさんの方たちが次々とクランクインして、クランクアップしていくんですよね。どんどん新しい方が来てくれて、いろんな方と芝居ができるのはすごく新鮮です。でも一方で、主役は基本的に受け身の芝居が多いので、まわりの人からの「受け」の芝居をし続けることは大変だなぁと実感しています。どこかで発散しないと身が持たない部分があるので、積極的に人とご飯を食べに行くことで消化して、循環させるようにしています。

　来年は2020年。僕にとってはやっぱり『エール』の年になります。3月から放送スタートなので、いろんな方に届いてほしいと思います。そして、監督たちと一緒に、これまでの朝ドラの概念を崩そうという気概で作っているので、「決められた枠の中でどれだけ遊べるか?」が来年の目標ですね。

　撮影のためにいろんな楽器を習っていますが、ハーモニカはかなり練習して、（手元を）見なくても吹けるようになりました。ハーモニカ倶楽部での演奏は事前に録音した音に合わせて吹きますが、自分ひとりで吹く時は生音で撮影するので、「音を外しても味」と思いながらやっています（笑）。

　来月から、いよいよオンエアが始まります。まだ映像も編集中で観れていないので、どんなドラマになっているかわかりません。でも、「音楽」という、誰の中にも浸透しているものを題材にしているので、共感してもらえる部分が大きいドラマになっているんじゃないかと思います。

2020年6月某日
_____

　緊急事態宣言で約2ヵ月半撮影が止まり、そのあいだに『エール』のオンエアが始まって、なんとも言えない気持ちで毎日を過ごしていました。こんなに長いあいだお芝居をしなかったのも初めての経験なので、仕事についてじっくり考える時間にもなりました。そこで思ったのは、自分は純粋に芝居が好きだけど、「現場でみんなと一緒に作品を作り上げていく」という作業も好きだということ。いつかパンデミックが落ち着く時期がくると思っていたので、頭の片隅では常に台本のことを意識していました。

　久しぶりの現場ではド素人感満載でしたが（笑）、素直に嬉しかった。スタジオの古山家は懐かしかったし、元気そうなふみちゃんの顔を見た時はホッとしましたね。

　撮影が再始動してから1週間が経ちましたが、最初はどの部署のスタッフさんも緊張していたし、初心にかえってイチから始めている感覚がありました。1シーン1シーンを本当に大切に撮っている感じがあって、みんなで「ここからは『エール』第2章だね」と話していて。それぞれが役や作品と改めて向き合えたのは強みだと思うので、そこを活かしてこれからも臨んでいきたいと思います。

　自粛期間中は人に会っていませんし、SNSもやっていないので、「『エール』観ました」っていう声を聞く機会がなかったんです。でも、現場に入って、ものすごい人数の方が観てくださっていることを確認できたので、より身が引き締まる思いです。

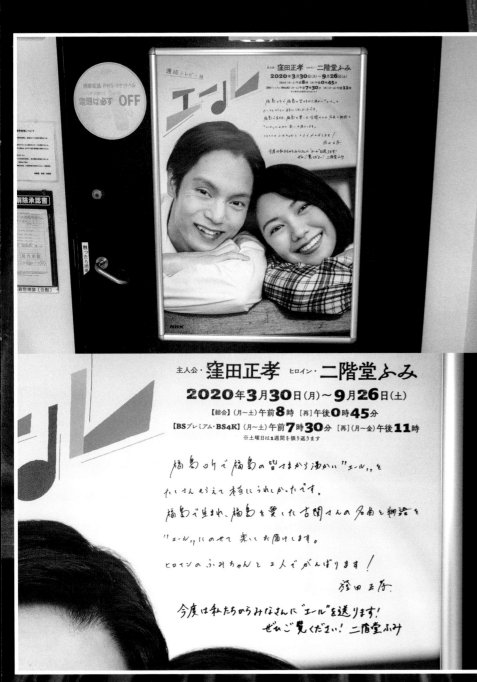

2020年7月某日

　スタッフさんたちとの合言葉「『エール』第2章」として撮影が再開して、1ヵ月が経ちました。キャストの皆さんと会う時間が増えていくにつれて、だんだん気持ちが落ち着いてきましたね。

　ここしばらくスタジオでの撮影が続いていますが、キャストの方がひとりずつクランクアップしていくので、「10代から老年期までを演じる朝ドラって、本当に人を見送る仕事だな」とつくづく思います。一生のうち、人に出会える人数は限られていますし、長くつき合っていく人はさらに少ないと思うんですよね。役として「出会って見送って」ということを繰り返すと、自分にも「昔はすごく仲が良かったのに連絡を取らなくなってしまった人」がいっぱいいることを、ふと思い出す瞬間がある。そして、自分もいつかこの現場を離れていくことを考えると、もっと楽しんで裕一を演じたいし、愛情を持って一緒に仕事をしている人たちと接しないといけないな、と思います。

　裕一を通して「人間の一生」というものを見ていると、「人との出会い」や、誰にとっても逃れられない「大切な人の死」に直面した時の気持ちを疑似体験しているような感覚があります。この世に生まれて、誰かと出会って、死んでいくというのは、それぞれの形があれど、どんな人にも共通して訪れることですから。

　特に今は戦争のシーンを撮っているので、この（平和な）時代を生きていることは幸運なことなんだなと思います。ここ最近ずっと『若鷲の歌』や『暁に祈る』などの軍歌を聴いて、戦争の資料も読んでいるので、マインドが落ち込んでしまう時があります。共演している役者の方々が、これから国のために命を捧げる本当の予科練生に見えてしまう瞬間もある。ギリギリ僕の世代は、祖父や曾祖母から戦争体験の話を聞けているので、現実にあったできごとを疑似体験できている今の時間を大切にするべきだなと思いますし、世界がまだ混乱しているこの環境下で仕事ができていることに、改めて感謝しないといけないなと思います。

2020年8月6日

2020年8月某日

　今日は約2ヵ月ぶりのロケです。猛暑ではありますが、太陽をいっぱい浴びて撮影できるのって、やっぱりいいですね。スタッフさんもキャストのみんなも、スタジオの時とちょっと違った顔に見えたのが喜びでした。キラキラしていましたからね（笑）。

　古関さんが作った曲の中で僕が一番好きなのが『栄冠は君に輝く』なんですが、球場という場所で（山崎育三郎さん演じる）久志の生歌で聴かせてもらって、いろんな思いが巡りました。今年はオリンピックも高校野球も中止になって、いろんな意味がリンクした作品タイトルになったなって。そして、誰にとっても馴染みがあり、大衆に広く届く可能性のある音楽を題材にしているのが『エール』の強みだなと改めて思いました。

　先日まで撮っていた戦時中のシーンでは、裕一の音楽が世間から認められて、その才能がどんどん開花していきました。自分の作った曲が戦意高揚につながり、世の中が変わっていくことに、作曲家としての本能的な興奮を感じていたと思うんです。でも、いつの間にか孤立していた。まわりと意見が合わないのに、引くという選択肢がなかった。その葛藤が知らぬ間に心をむしばんでいて、立ち直ろうと思うまでに2、3年かかってしまったんですよね。楽譜を見るのも怖くて震えが止まらなくなってしまうような挫折の期間がすごく長かったんです。だから今日、こうやって無事に（裕一が再起するシーンを）撮影できたことに達成感を感じました。

　10代から演じていた裕一の年齢が、ついに僕の年齢を越えていきました。普通は歳を取ると思想や考え方が凝り固まっていくと思いますが、裕一は逆なんです。年齢を重ねるごとにどんどん頭が柔らかくなっていくし、小さな発見をして面白がったり、カメラ、ビデオ、絵など、いろんなことに興味を持っていく。そういうところが、（裕一のモデルである）古関さんの少年っぽいところにつながっているのかなと思ったりします。

　そして、娘の華の成長に合わせて、裕一の意識も変わっていくようにしています。「華の父親」という立ち位置だけはちゃんと持っておこう、と。でも、音とふたりのシーンでは、年齢を重ねた芝居をしようとは考えていません。ふみちゃんとは去年の9月からずっと一緒に撮影しているので、無理やり何かを変えようとしなくても、関係性の変化が自然ににじみ出るものだと思いますから。

　たった1日だけでしたけど、吉岡秀隆さんと一緒に芝居をさせていただいて、ものすごく感化されました。(吉岡さんが演じる)永田は今にも死にそうで、ささやくような言葉なのに、頭のてっぺんからつま先まで共鳴してしまう感じがしたというか。永田の生きてきた人生が台詞からそのまま伝わってきて、背景を想像させられちゃうし、納得せざるを得ない感情になって。1日だけの撮影なのに、それを出せちゃうのがすごいなと思いましたし、年齢を重ねないと出せないものなのかな、とも思いました。

　20代の時は作品に出続けていないと不安でしたし、自分のことで頭がいっぱいだったんですけど、30代になって仕事の見え方が変わってきた部分があるんです。昔はもっとガツガツした欲があって、今もその欲がないわけではないけど、その熱の色が変わったというか。だから最近は、40代、50代の人がどういうふうな感じなのかが気になっていて。そんな中、吉岡さんと一緒に芝居ができて、勝手に新しい生き方を教えてもらったような気持ちになりました。「こういう道もあるよ」って教えてもらったような感覚があるので、「じゃあ、自分はどこに行こうかな」というか。すごいと思う人たちは自分が目指すゴールのその先にいる気がするので、自分なりにいろんな経験をして、芝居をして、いつかそこに行けたらいいなって思う。自分が40代、50代になった時にどう居たいかを考えて、そのための30代の変化を楽しみたいと思います。

2020年10月某日

あと1ヵ月ほどでクランクアップです。

1年かけて作ってきた作品の、ほんとのほんとに最後に向かっているので、今は気持ちの準備をしている感覚があります。なんだろう、ちょっとこう……死ぬ準備をしているみたいな感じというか、身のまわりを整理している感覚。というのも、自分の中では、21週の慈善音楽会で『蒼き空へ』を音が歌って、裕一が伴奏をした時に、ここがゴールだという気がしたんです。それぐらい音が歌うシーンが良いシーンだったので、そこがふたりにとっての結末なんだなって、自分の中で腑に落ちた。裕一は有名な作曲家にもなれたし、仕事よりも大切な「音とふたりの夢」も叶えられたので、あとは裕一の消化していない気持ちを置きに行っているという感じです。

慈善音楽会のシーンを撮影している時期に、最終週の準備稿を読みました。個人的には、いろいろ盛り込みすぎじゃない?と思いましたけど(笑)、裕一は音と一緒に人生を終えられるから一片の悔いもないだろうし、すごく納得感がありました。

僕自身、この作品の撮影中に結婚したので、人生を添い遂げられる人がいるって幸せなことだなって本当に思うんですよね。音が愛情深い人間なので、裕一は音に引っ張られて愛のある人間になっていくじゃないですか。人は誰かにシンクロして変わっていくことができるし、僕はそんな人間じゃないって思っていたら一生そのままだから、人が変わるポイントって、ほんとにその人次第なんだなって思う。僕自身、今は変わりたいという欲が強いですし、愛のある人間になりたいなって思います。

窪田正孝 インタビュー

―― 約1年という撮影期間は、長かったですか？ 短かったですか？

「1日の時間軸としては長く感じたんですけど、過ぎ去ってみると……あっという間といえばあっという間ですが、1日に得る情報量がすごく多くて、濃密だったなぁと思います」

―― 撮影初期の写真を見ると、窪田さんの顔つきが今とちょっと違いますよね。

「そうですねぇ（笑）、いろんな人から言われます。あれから裕一でいる時間がどんどん蓄積されていって、彼の核みたいなものができた気がします。『エール』の1話に出てくるオリンピックのシーンを約1年前に撮って、『ここに至るまでの長いストーリーがありました』というナレーションがあって、幼少期からオリンピックに至るまでの裕一の過程を踏むことが僕の仕事だったんですけど……2020年がこんなことになるなんて、当時は誰も想像していなかったから。撮影が中断したり、いろんなことがありましたけど、ついこのあいだ、また（1話と）同じ格好に戻ってオリンピックのシーンを撮ることができたので、本当にやってきて良かったなぁという達成感がありました」

―― 古山裕一の一生を生きるのは、どんな感覚でしたか？

「ひとりの人の人生を演じることができたのは大きかったです。でも、葛藤があったのも事実で。彼の幼稚な

部分とか、ちょっと自分のことしか考えてなさすぎじゃないのかな、っていうところが嫌になっちゃって、裕一から離れたくなったりしたことが結構あったんです（笑）。それから、役的にまわりの人の芝居を受けなければいけない立場なので、彼の気持ちに寄り添いすぎると、その軸がブレてくるから、うまくバランスを取るようにしていました」

―― クランクインの日に「二階堂ふみさんのいろんな表情や、他の作品では見たことのないお芝居を僕が引き出していけたらいいな」とおっしゃっていましたが、実現できたと思いますか？

「……いや、できてないんじゃないかな？（笑）。そもそも、その発言自体が上から目線だったなと思うんですけど（笑）。ふみちゃんはすごくしっかりしてるし、音との距離をすごく大事にしていて、自分の中に役を取り込んでいるような印象があって。僕がちゃんとキャッチャーをやっていれば、彼女はどんどんいろんな球を投げてきてくれるんですよ。本当に自由にやってくれたから、僕もすごくラクでした」

―― 二階堂さんから、窪田さんの演技が引き出された部分もあったりしましたか？

「ありましたね。彼女と一緒に夫婦役をやったことで、『人に対する愛情』みたいなものが、より強くなった瞬間があったりするんです。自分が親になったら、きっと裕一のように子供を甘やかすんだろうなぁと思った

り。あと、音自身もそうだし、ふみちゃん自身もそうなんですけど、まっすぐにひたむきに自分のやるべきことに向かっていくんです。撮影の長いスパンを考えると、どうしてもペース配分を考えてしまうんですけど、ふみちゃんは常に『今この瞬間』を全力で走っているので、僕自身も引っ張られる瞬間がよくあって。『いや、今はちょっと疲れてるんだけどな』っていう時も（笑）、彼女が『一緒に行きましょうよ！』みたいなテンションで来てくれると、『行くか！』って。だから、お互いに無いものを補い合っているという感覚がありました」

―― 「音楽」に対する想いは、何か変わりましたか？

「裕一、つまり古関裕而さんが作った『栄冠は君に輝く』とか『長崎の鐘』、他にもたくさんありますけど、ああいう曲を作れるって本当にすごいことだと思うんです。でも、裕一自身は音を奏でながら音楽を作る人じゃないから、音楽を演奏するのは演奏家の皆さんで、裕一は机の上で悩みながら書き続けるんですよね。頭の中では音楽が鳴っているんだけど、目に見える作業としては、音楽をやっている感じがしないんです。だから、作家が小説を書いているようなイメージで芝居していました」

―― というのは？

「なんて言うんだろう、譜面に書いてある音符が、感情の流れのように見えていたというか。オーケストラだと五線譜にそれぞれのパートの音符を書いていくん

ですけど、それぞれの登場人物の設定やストーリーを書き連ねているイメージ。『この人はこの時、怒ってこういう音を出す』とか。僕は普段、音楽を聴く側だけど、裕一は作る側だから、その感覚をつかむために、『詞』をずっと見ていました。『こういう題材を渡されました。あなたはどうやってこれをストーリーにしますか?』という感じなのかなって」

──面白いですね。

「ドラマの後半では、朝ドラの元になった連続ラジオドラマの台本に音楽をつけたりするんです。ラジオだから声だけですけど、そこに役者がいて、音楽をかけ合わせていくというのは、僕が普段やらせてもらっているところと近いからワクワクして。台本ができるもっと前の制作の部分を疑似体験できた気がしました」

──コロナ禍で放送が中断したり、オリンピックが延期になったり、いろんなことを乗り越えたドラマでしたね。

「2020年がこんな年になるなんて誰も想像していなかったし、ちょっと異常な年だったと思うんです。そんな年にちゃんと最後まで放送できるということは価値のあることだと思うし、自分自身の財産にもなる気がします。観てくださる人たちに、タイトル通りエールを届けられたらなぁって思っていたんですけど、一番この作品に救われていたのは、僕自身だった気もしていて。やっぱり、エールを送る人自身がハッピーじゃないと、楽しいエールや、愛のこもったエールが届かないから。福島

の人たちの『とにかく喜んでる』という言葉とか、『こんな時代だけど、毎日、朝を楽しみにしてる』とか『勇気をもらえた』という言葉を聞いて、ほんとにやって良かったなって。裕一が音に引っ張り上げてもらったように、『エール』という作品を観ていただいた皆さんの気持ちを引っ張り上げることができたのだとしたら、この作品をやった意味があるなって思います」

──『エール』をやったことで、今後の役者人生に何か変化はあると思いますか?

「それは難しい質問ですね(笑)。ひとつの作品が終わったら1回ゼロに戻って、またイチから別の人物を演じていくというスタンスで、ずっとやってきたので。もちろん、一生で一度しかないのかなっていうぐらい、たくさんの人とずっと同じ場所で同じ時間を共にしたという濃密な経験は、自分の記憶にも体にも染みついて残っていく財産だと思うんですけど。それをしっかり心にしまって、扉を閉めたら、またゼロに戻って振り出しからの作業かなと思ってます。本当は余韻に浸りたいんですけどね」

──浸れないタイプなんですか?

「いや、浸ると ずーっと浸っちゃって、戻ってこれないタイプなんです(笑)。強制的に閉じたほうが、そのあとも動きやすいんですよね」

──このドキュメンタリーブックについてもお聞きしたいのですが、『Vreath』というタイトルは窪田さんが考え

てくださいましたね。

「何かいいのないかなぁって、音楽の記号をずっと探していたんです。Breathは息継ぎという意味ですけど、呼吸をすることや息をすることって、音楽だけじゃなくて生きているということにもつながるじゃないですか。僕の中で『音楽』と『人生を生きていくこと』が結びついたのと、音楽記号で息継ぎのことを楽譜で『V』と表現するので、自分なりに造語を作ってみてもいいんじゃないかな、と思って『Vreath』にしました」

──これまで窪田さんの写真集やカレンダーを撮影してくださった齋藤陽道さんに、撮影現場の様子を撮っていただいた感想は?

「1年間、ずっと撮ってもらいましたねぇ。ハル(齋藤陽道さんのこと)が現場にいてくれると、僕が裕一から離れるきっかけをくれたりするんですよね。これまでの関係性があるから、ハルが現場にいると、裕一でいることがちょっと恥ずかしくなったりするんです。もちろん、仕事しなくちゃいけないから、現場に集中するんですけど、照れくさくてちょっと笑っちゃったりする瞬間があって。そういう瞬間に救われることがたくさんありました。これまで撮ってくれた写真を見ていると、一番最初と最後の表情がまったく違うところを収めてくれているなぁって思いますし、長い時間をかけてハルに撮ってもらえたことが、本当に嬉しい。この本は、僕にとっての『卒業アルバム』みたいな感覚がありますね」

二階堂ふみ（古山音 役）から 窪田正孝への手紙

裕一さん

あと数日で裕一さんとの日々が終わります。
長いようであっという間だったねと、最近よくお話ししますね。
もうすぐこの現場から離れる寂しさと、積み上げてきた達成感と、その両方を裕一さんの柔らかな表情から感じております。
裕一さんの定位置である鏡前の椅子で、我々は色々な話をしました。
作品のこと、日々の暮らしのこと、大好きな動物のこと、最近面白かったこと。
緊張気味で始まった古山夫妻でしたが、いつしか、イビツだけどしっくりくるような、心強いバディとなった実感があります。

この一年で、世界は大きく変化しました。
悲しいお別れもありました。
不安もたくさんありました。
しかし、予測できない日々の中、最後まで妥協せず、作品を心待ちにしてくださっている方々へ作品を届けたいと、
前を真っ直ぐ見る裕一さんに心打たれました。
窪田さんの優しさ、頑固さ、情熱に、私含めエールに関わったすべての方々が救われていました。

一度、次は何でご一緒できるかななんて会話をしましたが、
音はしばらく、裕一さんとの音楽漬けの日々の余韻に浸ろうと思います。

一年間、お疲れ様でした。
ありがとうございました。

音はとっても、楽しかったです。

二階堂ふみ

吉田照幸（演出）から 窪田正孝への手紙

前略

一年間お疲れさまでした。長かったですね〜あっという間でしたね〜。最初に言っておきます。窪田さんが主役でよかった！「エール」が朝ドラとして異例かつ挑戦的になれたのは、窪田さんの演技力、人間力があってこそです。

まだ撮影がはじまって間もない頃、家の事情で音楽の道を断たれ一人部屋で慟哭するわずか数十秒のシーン、僕はいつまでもカットをかけませんでした。その間、あなたは悲しさ、悔しさ、自分への説得、運命への呪い、放心、涙を流す中で様々な感情を見せてくれました。シーンを撮り終わって僕が現場に行くと「この現場はこういうことか〜」と嬉しそうに言ってました。この人とだったら深いところへ、未知の場所へ挑戦できる、と嬉しくなった瞬間でした。

「エール」の撮影で一番の思い出は、コロナの休止明けに行われた戦場の撮影です。とまどいとためらいの現場で、恩師を助けるあなたの様は、現場のスタッフ全員を勇気づけました。「久しぶりにアドレナリンが出た」とおっしゃってましたね。モノづくりの現場で、本気が出せるのは、ありそうでないことです。次の日に撮影した兵士たちも刺激を受け、臨場感あふれる芝居をしてくれました。東にしがみつき「僕は何も知りませんでした」とつぶやくとき、一点をみつめながら何も見ていない瞳、忘れられません。

窪田さんを見ていると、黒澤映画の三船敏郎さんを思い出します。軽やかな演技と重厚な芝居、笑いと泣き、明るさと暗さ、アクションと表情だけでみせる演技、相反する要素を縦横無尽に飛び回り、それを一つのキャラクターに込められるのは、稀有な才能です。僕もコントから始まり、金田一シリーズなどシリアスまで、幅広い作品を作ることが楽しみなディレクターです。あなたのその才能を知るにつれ、感情の振れ幅を大きくすることを楽しんでいました。戦後、曲が書けないことを時計の組み立てで表現する。信頼がないと書けません。

僕も窪田さんもフレンドリーだけど人と距離を置く、家が好き、瞬発や衝動や直感を重視する、無駄なことは嫌い、同じことをするのも嫌い、などなど、顔とスタイル以外…は、似てるな〜と終わってみて感じます。

またいつか一緒にものづくりできる日を楽しみにしています。次はスクリーンの窪田さんを撮ってみたいな〜。様々な困難があった「エール」を素晴らしい作品にしてくれた主人公・裕一と演じた窪田正孝に、感謝！あなたは最高の役者だ！

草々

吉田照幸

2020年10月29日『エール』クランクアップ

2020年10月29日（クランクアップ直後）

　ついにクランクアップしました！

　正直、終わったという実感が全然なくて、来週またこのスタジオに来てしまうんじゃないかなぁと思うくらい（笑）。1年間というスパンの中で得られたものがすごく大きいし、いろんな課題ももらったので、「（撮影が）終わって悲しい」という気持ちよりも、「前に進まなきゃ」という気持ちのほうが大きいです。

　先日「慈善音楽会をやった時、裕一の中でひと段落したから、終わり支度をしているような気持ち」だと話しましたけど、まだその終わり支度が続いている感じなんですよね。「人としてのスペック」や「人との接し方」など、心の部分を鍛えてもらったし、芝居についても気づかされることがたくさんあったので、役者としてもう1回「芝居の根本」を見つめ直さないといけないと思っているんです。だから、終わったという実感がないんだと思うし、今年いっぱいは余韻が抜けないんじゃないかな。

　『エール』の現場からは、「もっと芝居を追求したい」とか「もっと面白いことをやりたい」という欲ももらえました。これまで大事にしてきたことが全然大事じゃなかったり、思考する順番や優先順位のつけ方が違っていたことに気づかされたりもしました。逆に、「僕はこうです」という柱をちゃんと持っていれば、いろんな形に変わることができることも教えられて……自分の中で凝り固まっていた部分をほぐしてくれたんですよね。

　それはやっぱり、吉田監督との出会いが大きかったかもしれないです。吉田監督は「新しいドラマを作りたい」という想いのもと、朝ドラという固定概念にとらわれずに、今ここでやらなければいけないことを大事にして、自分の柱を持って立っていてくれたから、自分もその柱にしがみついていられた。だから、クランクインの時の自分に「人を信用していいと思う」「これから一緒に仕事をする監督、スタッフ、キャストを信用しなさい」って言いたいですね。

　おかげで、自分自身のストレージが増えた気がします。今までは1ギガだったけど、2ギガになった、みたいな（笑）。

　これからは、『エール』のみなさんとまた別の現場で会えるような自分になっていないといけないな、と思います。おつかれさまでした！

窪田正孝から古山裕一への手紙

拝啓　古山裕一様

あなたの弱さも意固地になる心の小ささも

僕は好きでした。

天才、でも決して完璧ではない。

不完全なあなたこそがあなたらしく魅力的でした。

もう会うことはないと思うけど、

2020年を共にできて幸せでした。

ありがとう。

窪田正孝

Photograph
齋藤陽道

Edit in Chief & Text
上田智子

Design
古田雅美[opportune design Inc.]

Printing Direction
富岡 隆[トッパングラフィックコミュニケーションズ]

Coordination
土屋勝裕　土居美希　小林泰子[NHK制作局]
吉田雅夫　坂 紗也佳[NHKエンタープライズ]
峰岡晃子[AshBee]

Chief of Artist Management
小野陽子[STARDUST PROMOTION]

Artist Management
藤本将太[STARDUST PROMOTION]

Edit
海保有香　田所友美[SDP]

PR
藤井愛子[SDP]

Sales
川崎 篤　武知秀典[SDP]

Special Adviser
田口竜一[STARDUST PROMOTION]

Executive Producer
藤下良司[STARDUST PROMOTION]

Vreath
-Documentary of 窪田正孝 in エール-

発行　　　2020年12月4日　初版 第1刷発行

発行人　　細野義朗
発行所　　株式会社 SDP
　　　　　〒150-0021 東京都渋谷区恵比寿西2-3-3
　　　　　TEL 03(3464)5882(第一編集部)
　　　　　TEL 03(5459)8610(営業部)
　　　　　ホームページ http://www.stardustpictures.co.jp

印刷製本　凸版印刷株式会社